Il ne faut pas enseigner aux poissons à nager.

Man muß den Fischen nicht das Schwimmen beibringen wollen.

Also: Wer schon sechshundert französische Sprichwörter kennt, dem wird niemand dieses Taschenbuch verkaufen oder verehren. Und wer im Französischen wirklich firm ist, der braucht keine zweisprachigen Bücher.

Aber es gibt viele Deutsche, die fast oder überhaupt keine französischen Sprichwörter kennen, außer vielleicht «Noblesse oblige», und sehr viele, die sich, wenn sie einen französischen Text vor sich haben, ganz gerne beim Übersetzen helfen lassen.

Ihnen allen ist dieser Band zugedacht.

Sie dürfen ein reizvolles und volkskundlich aufschlußreiches Sortiment gängiger Merk- und Kernsätze erwarten – und eben eine Übersetzungshilfe. Wenn hier und da ein Leser sagt «Das würde ich aber anders ausdrücken», dann hat sich die Lektüre pädagogisch bereits gelohnt.

Die Sprichwörter sind spielerisch zu Themengruppen geordnet.

dtv zweisprachig · Edition Langewiesche-Brandt

PROVERBES FRANÇAIS

FRANZÖSISCHE SPRICHWÖRTER

Auswahl und Übersetzung von Ferdinand Möller

Illustrationen von Frieda Wiegand

dtv

Deutscher Taschenbuch Verlag

Originalausgabe

23.–25. Tausend April 1989
Umschlaggestaltung: Celestino Piatti
Gesamtherstellung: Kösel, Kempten
Printed in Germany. ISBN 3-423-09161-4

Il n'est pire sourd que celui qui ne veut pas entendre.
Es gibt keinen schlimmeren Tauben als den, der nicht hören will.

AMIS ET ENNEMIS
FREUNDE UND FEINDE

Un ami est long à trouver et prompt à perdre.
Ein Freund ist schwer zu finden und leicht zu verlieren.

Ami de chacun, ami d'aucun.
Jedermanns Freund, niemandes Freund.

Il faut faire un pont d'or à l'ennemi qui s'enfuit.
Man muß dem flüchtenden Feind eine goldene Brücke bauen.

On n'est jamais trahi que par les siens.
Verraten wird man nur von seinen Freunden.

Morte la bête, mort le venin.
Ist das Tier tot, so ist auch das Gift tot.

Aimez votre voisin, mais n'abattez pas la haie.
Liebe deinen Nachbarn, aber schneide die Hecke nicht ab.

Qui terre a, guerre a.
Wer Besitz hat, hat auch Streit.

Il ne faut pas laisser croître l'herbe sur le chemin de l'amitié.
Auf dem Weg der Freundschaft soll man kein Gras wachsen lassen.

Les vieux amis et les vieux écus sont les meilleurs.
Alte Freunde und alte Taler sind die besten.

Qui prête aux amis perd au double.
Wer Freunden leiht, verliert doppelt.

Les bons comptes font les bons amis.
Richtige Rechnungen machen gute Freunde.

Mieux vaut un sage ennemi qu'un imprudent ami.
Ein weiser Feind ist besser als ein unbesonnener Freund.

Il n'est nuls petits ennemis.
Es gibt keine kleinen Feinde.

Un homme est bien fort sur son palier.
Ein Mann ist stark auf seiner Schwelle.

De compagnon à compagnon il n'y a que la main.
Unter Freunden gilt nur der Handschlag.

Les ennemis de mes ennemis sont mes amis.
Die Feinde meiner Feinde sind meine Freunde.

Celui qui ne fait pas plaisir en arrivant fait plaisir en partant.
Wer uns nicht erfreut, wenn er kommt, der wird uns erfreuen, wenn er geht.

Qui a bon voisin a bon matin.
Wer einen guten Nachbarn hat, der hat auch einen guten Tag.

SAGES ET FOUS
WEISE UND NARREN

Où l'on manque de sel, n'importent les épices.
Wo man kein Salz hat, können auch Gewürze nicht helfen.

La patience est la vertu des ânes.
Geduld ist die Tugend der Esel.

Les chevaux courent les bénéfices, et les ânes les attrapent.
Die Pferde rennen um den Preis, und die Esel erringen ihn.

Quand les ailes poussent à la fourmi, c'est pour sa perte.
Wenn der Ameise Flügel wachsen, dann zu ihrem Verderben.

Vent au visage rend l'homme sage.
Gegenwind macht den Menschen weise.

Il ne faut pas vendre la peau de l'ours avant de l'avoir tué.
Man soll das Fell des Bären nicht verkaufen, bevor man ihn getötet hat.

Tout vient à point à qui sait attendre.
Wer warten kann, dem kommt alles zur rechten Zeit.

Colère n'a conseil.
Zorn weiß keinen Rat.

Il n'est pas sage qui n'a peur d'un fou.
Es gibt keinen Weisen, der nicht Angst vor einem Toren hat.

Plus il y a de fous, plus on rit.
Je mehr Narren, desto mehr Gelächter.

L'inattention fait échouer le navire.
Unaufmerksamkeit läßt das Schiff stranden.

Bien fou qui s'oublie.
Ein Narr ist, wer nicht an sich denkt.

Il n'y a point de plus sage abbé que celui qui a été moine.
Es gibt keinen weiseren Abt als den, der Mönch gewesen ist.

Mal pense qui ne repense.
Der überlegt schlecht, der nicht noch einmal überlegt.

Au rire connaît-on le fol et le niais.
Am Lachen erkennt man den Narren und den Dummkopf.

Quand on n'a pas de tête, il faut avoir des jambes.
Wenn man keinen Kopf hat, muß man Beine haben.

Le singe tire les marrons du feu avec la patte du chat.
Mit der Pfote der Katze holt der Affe die Kastanien aus dem Feuer.

Il n'est pire aveugle que celui qui ne veut pas voir.
Es gibt keinen schlimmeren Blinden als den, der nicht sehen will.

À chaque fou plaît sa marotte.
Jeder Narr liebt seinen Tick.

Il ne faut pas manger son blé en herbe.
Man soll sein Korn nicht vor der Ernte essen.

Tête de fou ne blanchit jamais.
Einem Narren wachsen keine grauen Haare.

Deux fois bon, c'est une fois bête.
Zweimal gutherzig sein heißt einmal dumm sein.

Un fou avise bien un sage.
Der Weise findet sogar bei Narren Rat.

Le doute est le commencement de la sagesse.
Zweifel ist der Weisheit Anfang.

Tel va au bois qui n'a pas de hache.
Mancher geht in den Wald und nimmt kein Beil mit.

Il n'y a pas de grands esprits sans un grain de folie.
Es gibt keine großen Geister ohne ein bißchen Narrheit.

La folie se gagne.
Narrheit ist ansteckend.

Maint fol a une barbe.
Mancher Narr hat einen Bart.

Un âne appelle l'autre rogneux.
Ein Esel nennt den anderen räudig.

La crainte de Dieu est le commencement de la sagesse.
Gottesfurcht ist der Anfang der Weisheit.

MAÎTRE ET VALET
HERR UND KNECHT

Les bons maîtres font les bons valets.
Gute Herren machen gute Knechte.

N'attelle pas ensemble l'âne et le cheval.
Spann Esel und Pferd nicht zusammen.

C'est pendant l'orage que l'on connaît le pilote.
Im Gewitter erkennt man den Steuermann.

Les loups ne se mangent pas entre eux.
Ein Wolf frißt nicht den anderen auf.

En petite cheminée on fait grand feu, et en grande petit feu.
Im kleinen Kamin macht man ein großes Feuer und im großen Kamin ein kleines Feuer.

Charbonnier est maître chez lui.
Der Köhler ist Herr in seinem Haus.

Quand les brebis enragent elles sont pires que les loups.
Wenn die Schafe rasend werden, sind sie schlimmer als Wölfe.

À la cour du roi, chacun y est pour soi.
Am Hofe des Königs ist jeder auf sich allein gestellt.

Qui ne sait dissimuler ne sait régner.
Wer nicht heucheln kann, kann nicht herrschen.

Un homme n'est pas le maître d'un autre homme.
Ein Mensch ist nicht eines anderen Menschen Herr.

Qui se fait agneau, le loup le mange.
Wer sich zum Lamm macht, wird vom Wolf gefressen.

À grands seigneurs peu de paroles.
Vor großen Herren wenig Worte.

Il n'est si petit buisson qui ne porte ombre.
Der Busch mag noch so klein sein, er wirft Schatten.

La charge dompte la bête.
Die Last zähmt das Tier.

À méchant chien, court lien.
Dem bösen Hund eine kurze Leine.

Quand il pleut sur le curé, il dégoutte sur le vicaire.
Wenn es auf den Pfarrer regnet, tropft es auf den Vikar.

Absent le chat, les souris dansent.
Wenn die Katze nicht zu Haus ist, tanzen die Mäuse.

Âne piqué, à trotter est incité.
Wenn man den Esel sticht, spornt man ihn zum Traben an.

Les grands bœufs ne font pas les grands labours.
Die großen Ochsen machen nicht die schwere Arbeit.

Pour bien charrier, il faut bien graisser.
Um gut zu fahren, muß man gut schmieren.

Il vaut mieux se tenir au gros de l'arbre qu'aux branches.
Es ist besser, sich am Stamm eines Baumes als an seinen Zweigen festzuhalten.

Qui a compagnon, a maître.
Wer einen Gefährten hat, der hat auch einen Herren.

À tout seigneur, tout honneur.
Jedem Herren seine Ehre.

Il n'y a si fort qui ne trouve son maître.
Es mag einer noch so mächtig sein, er wird einen Mächtigeren finden.

Le moine répond comme l'abbé chante.
Der Mönch antwortet, wie der Abt vorsingt.

L'homme propose et Dieu dispose.
Der Mensch schlägt vor, und Gott entscheidet.

Le valet du diable fait plus qu'on ne lui demande.
Der Teufelsknecht tut mehr, als man von ihm verlangt.

C'est le bon veneur qui fait la bonne meute.
Der gute Jäger macht die gute Meute.

PARENTS ET ENFANTS
ELTERN UND KINDER

Poussin chante comme le coq lui apprend.
Das Küken kräht, wie der Hahn es ihm beibringt.

Morte la fille, mort le gendre.
Ist die Tochter tot, ist auch der Schwiegersohn tot.

Brebis trop apprivoisée de trop d'agneaux est tétée.
Ein braves Schaf muß viele Lämmer säugen.

À père avare, enfant prodigue.
Dem geizigen Vater ein verschwenderisches Kind.

Garçon doit être mal vêtu, bien nourri, bien battu.
Ein Junge soll schlecht gekleidet, gut genährt und tüchtig verhauen werden.

L'amour d'une mère est toujours dans son printemps.
Die Liebe einer Mutter ist immer in ihrem Frühling.

En enseignant on apprend.
Wer lehrt, der lernt.

La caque sent toujours le hareng.
Die Heringstonne riecht immer nach Hering.

Qui naît poule aime à gratter.
Wer als Huhn geboren wird, liebt das Scharren.

On ne peut contenter tout le monde et son père.
Man kann nicht jedermann und seinen eigenen Vater zufriedenstellen.

D'un sac à charbon, il ne saurait sortir blanche farine.
Aus einem Kohlensack kann kein weißes Mehl kommen.

Le père prêche pour les sourds.
Der Vater predigt tauben Ohren.

Il est plus facile au fils de demander au père qu'au père de demander au fils.
Es fällt dem Sohn leichter, den Vater zu bitten, als dem Vater, den Sohn zu bitten.

Quand le rossignol a vu ses petits, il ne chante plus.
Wenn die Nachtigall ihre Jungen gesehen hat, singt sie nicht mehr.

La chèvre a sauté dans la vigne, aussi y sautera la fille.
Die Ziege ist in den Weinberg gesprungen, also wird auch ihre Tochter hineinspringen.

Nourriture passe nature.
Erziehung ist stärker als die eigene Natur.

Tous les doigts de la main ne se ressemblent pas.
Nicht alle Finger der Hand sind sich ähnlich.

Bon sang ne peut mentir.
Edles Blut verleugnet sich nicht.

À chaque oiseau, son nid est beau.
Jeder Vogel findet sein Nest schön.

Toujours le vin sent son terroir.
Der Wein schmeckt immer nach dem Weinberg.

LA FEMME
DIE FRAU

Belle femme a peine à rester chaste.
Eine schöne Frau hat Mühe, keusch zu bleiben.

Ciel pommelé et femme fardée ne sont pas de longue durée.
Schäfchenwolken am Himmel und Schminke im Gesicht einer Frau sind nicht von langer Dauer.

Il se vante de battre sa femme, celui qui n'en a pas.
Wer keine Frau hat, prahlt damit, sie zu schlagen.

C'est un don de Dieu qu'une femme silencieuse.
Eine schweigsame Frau ist ein Geschenk Gottes.

Ce que femme veut, Dieu en tremble.
Was eine Frau will, davor zittert Gott.

La femme rit quand elle peut, et pleure quand elle veut.
Eine Frau lacht, wenn sie kann, und weint, wann sie will.

Vieille qui danse fait lever force poussière.
Wenn eine Alte tanzt, wirbelt sie viel Staub auf.

Qui a des filles est toujours berger.
Wer Töchter hat, ist immer Hirte.

Une fille sans ami est un printemps sans roses.
Ein Mädchen ohne Freund ist wie ein Frühling ohne Rosen.

Larme de femme affole le sot.
Frauentränen verwirren nur den Narren.

Marie ton fils quand tu voudras et ta fille quand tu pourras.
Verheirate deinen Sohn, wann du willst, und deine Tochter, wann du kannst.

Nul si fin que femme n'assote.
Es ist niemand so schlau, als daß ihm eine Frau nicht den Kopf verdrehen kann.

Femme dorée est vite consolée.
Gib der Frau Geld, und sie ist schnell getröstet.

La langue des femmes est leur épée et elles ne la laissent pas rouiller.
Die Zunge ist das Schwert der Frauen, und sie lassen es nicht rostig werden.

Il n'est fagot qui ne trouve son lien.
Es gibt kein Bündel, das nicht sein Band findet.

Il n'y a si méchante marmite qui ne trouve son couvercle.
Kein Topf ist so schlecht, daß er nicht seinen Deckel findet.

Cent pays, cent guises ; cent femmes, cent chemises.
Hundert Länder, hundert Bräuche ; hundert Frauen, hundert Hemden.

Le rouge matin et le conseil féminin ne sont pas à croire.
Dem Morgenrot und dem Frauenrat ist nicht zu trauen.

Qui épouse la veuve, épouse les dettes.
Wer die Witwe heiratet, heiratet die Schulden.

Peu ou à contrecœur se tait la femme.
Wenig oder widerwillig schweigt die Frau.

Les femmes ne sont pas des maçons, mais elles font et défont les maisons.
Frauen sind keine Maurer, aber sie errichten und zerstören Häuser.

L'eau gâte le vin, la charrette le chemin, et la femme l'homme.
Das Wasser verdirbt den Wein, der Wagen den Weg und die Frau den Mann.

Fille oisive, à mal pensive.
Ein untätiges Mädchen hat Dummheiten im Sinn.

Il faut faire carême-prenant avec sa femme, et Pâques avec son curé.
Karneval muß man mit seiner Frau und Ostern mit seinem Pfarrer feiern.

Selon l'oiseau le nid, selon la femme le logis.
Wie der Vogel, so das Nest; wie die Frau, so das Haus.

L'AMOUR
DIE LIEBE

L'amour et la toux ne se peuvent cacher.
Liebe und Husten kann man nicht verbergen.

Qui se marie par amour a de bonnes nuits et de mauvais jours.
Wer aus Liebe heiratet, hat schöne Nächte und schlechte Tage.

Malheureux au jeu, heureux en amour.
Unglück im Spiel, Glück in der Liebe.

Le lierre meurt où il s'attache.
Der Efeu stirbt, wo er sich festhält.

Vieilles amours et vieux tisons s'allument en toute saison.
Alte Liebe und glimmendes Holz flammen jederzeit wieder auf.

Rage d'amour est pire que le mal de dents.
Liebesschmerz ist schlimmer als Zahnweh.

C'est trop aimer quand on en meurt.
Die Liebe ist zu groß, wenn man an ihr stirbt.

On revient toujours à ses premières amours.
Man kehrt immer wieder zu seiner ersten Liebe zurück.

Qui aime bien à tard oublie.
Wer liebt, vergißt nicht schnell.

Amour vainc tout sauf cœur de félon.
Die Liebe besiegt alles außer ein treuloses Herz.

Loin des yeux, loin du cœur.
Aus den Augen, aus dem Herzen.

On ne peut pas vivre d'amour et d'eau fraîche.
Man kann nicht von Liebe und Wasser leben.

Au mariage et à la mort, le diable fait son effort.
Bei der Hochzeit und beim Tod gibt der Teufel sich Mühe.

Dieu fait les gens et le diable les accouple.
Gott macht die Menschen, und der Teufel fügt sie zu Paaren.

Aux vilains matous les belles chattes.
Die häßlichen Kater bekommen die schönen Katzen.

L'absence est l'ennemi de l'amour.
Das Fernsein ist der Feind der Liebe.

Les mariages vus de loin ne sont que tours et châteaux.
Die aus der Ferne betrachteten Ehen sind nur Türme und Schlösser.

Mieux vaut être aimé qu'admiré.
Es ist besser, geliebt als bewundert zu werden.

L'amour est mêlé de miel et de fiel.
In der Liebe gibt es Honig und Galle.

Le flambeau de l'amour s'allume à la cuisine.
Die Fackel der Liebe entzündet sich in der Küche.

Tel fiance qui n'épouse pas.
Mancher verlobt sich und heiratet doch nicht.

Bonjour lunettes, adieu fillettes.
Guten Tag, Brille ; lebt wohl, ihr Mädchen.

Amour de jeunesse ne dure pas plus longtemps que les neiges d'avril.
Jugendliebe dauert nicht länger als Aprilschnee.

L'ARGENT
DAS GELD

L'argent est rond, il faut qu'il roule.
Das Geld ist rund, es muß rollen.

Pour garder son crédit, il n'en faut guère user.
Will man seinen Kredit behalten, darf man ihn nicht oft in Anspruch nehmen.

L'argent est un bon serviteur et un mauvais maître.
Geld ist ein guter Diener und ein schlechter Herr.

Mieux vaut trésor d'honneur que d'or.
Lieber einen Schatz an Ehre als an Gold.

Petit gain est bel quand il vient souvent.
Ein kleiner Gewinn ist schön, wenn er oft kommt.

Un homme sans argent est un loup sans dent.
Ein Mann ohne Geld ist wie ein Wolf ohne Zähne.

Écu changé, écu mangé.
Angebrochener Taler, ausgegebener Taler.

L'argent est un bon passe-partout.
Geld ist ein Schlüssel für alle Türen.

Qui a assez d'argent, il a assez de parents.
Wer viel Geld hat, hat viele Verwandte.

Qui plus a plus convoite.
Wer schon viel hat, begehrt noch mehr.

Ce qu'apporte le flot s'en retourne avec le jusant.
Was die Flut bringt, fließt mit der Ebbe wieder weg.

Le temps, c'est de l'argent.
Zeit ist Geld.

Quand on doit, il faut payer ou agréer.
Wenn man Schulden hat, muß man zahlen oder nachgeben.

Qui vend le bœuf aussi fait le prix.
Wer den Ochsen verkauft, setzt auch den Preis fest.

Il ne faut pas donner la bourse à garder au larron.
Man soll seine Börse nicht dem Dieb zum Aufbewahren geben.

Prendre à crédit cause dépit.
Borgen macht Sorgen.

Autant dépense chiche que large.
Der Knauserige gibt so viel aus wie der Freigebige.

Le terme vaut l'argent.
Frist ist Gold wert.

L'argent est le nerf de la guerre.
Geld ist die Seele des Krieges.

Argent emprunté porte tristesse.
Geliehenes Geld bringt Sorgen.

L'avare écorcherait un pou pour en avoir la peau.
Der Geizhals schindet die Laus um ihres Balges willen.

À donner donner, à vendre vendre.
Verkaufen ist nicht verschenken.

Grande fortune, grande servitude.
Großes Vermögen, große Knechtschaft.

VÉRITÉ ET MENSONGE
WAHRHEIT UND LÜGE

C'est aux miracles que l'on connaît les saints.
An den Wundern erkennt man die Heiligen.

Bouche de miel, cœur de fiel.
Honig im Mund, Galle im Herzen.

Jamais teigneux n'aima le peigne.
Ein Grindiger hat nie den Kamm gemocht.

Tous ne sont pas chevaliers qui à cheval montent.
Es sind nicht alles Ritter, die zu Pferde reiten.

Beau noyau gît sous piètre écorce.
Unter einer armseligen Schale verbirgt sich ein schöner Kern.

De beau raisin parfois pauvre vin.
Schöne Trauben geben manchmal schlechten Wein.

À la chandelle, la chèvre semble demoiselle.
Bei Kerzenlicht erscheint die Ziege wie ein Fräulein.

Il ne faut pas se fier à qui entend deux messes.
Man soll nicht dem trauen, der zwei Messen hört.

Pourquoi cacher à Dieu ce que savent les saints ?
Warum vor Gott verbergen, was die Heiligen wissen?

A beau mentir qui vient de loin.
Wer von weither kommt, kann schön lügen.

Dans les petits sacs sont les bonnes épices.
In den kleinen Säcken sind die guten Gewürze.

De mauvais contrat, longue dispute.
Schlechter Vertrag, langer Streit.

L'âne se couvre de la peau du lion.
Der Esel zieht sich das Fell des Löwen über.

Ivres et forcenés disent toute leur pensée.
Betrunkene und Wütende sagen alles, was sie denken.

À la boucherie, toutes les vaches sont bœufs ; à la tannerie, tous les bœufs sont vaches.
In der Metzgerei sind alle Kühe Ochsen ; in der Gerberei sind alle Ochsen Rinder.

Beaux mensonges aident.
Schöne Lügen sind hilfreich.

Plus haut monte le singe, plus il montre son cul.
Je höher der Affe klettert, desto mehr zeigt er seinen Hintern.

On crie toujours le loup plus grand qu'il n'est.
Man will den Wolf immer größer machen, als er ist.

Qui veut noyer son chien, l'accuse de la rage.
Wer seinen Hund ertränken will, klagt ihn der Tollwut an.

Qui tout me promet, rien ne me promet.
Wer mir alles verspricht, verspricht mir nichts.

Toute vérité n'est pas bonne à dire.
Nicht jede Wahrheit eignet sich dazu, daß man sie sagt.

L'habit ne fait pas le moine.
Die Kutte macht nicht den Mönch.

Il n'y a que la vérité qui blesse.
Nur die Wahrheit verletzt.

À la queue gît le venin.
Das Gift steckt im Schwanz.

L'imposteur promet monts et merveilles.
Der Schwindler verspricht Berge und Wunder.

Enfants et sots sont devins.
Kinder und Narren sagen die Wahrheit.

À l'ongle on connaît le lion.
An der Kralle erkennt man den Löwen.

Beau service fait amis, vrai dire ennemis.
Gefälligkeit macht Freunde, die Wahrheit sagen macht Feinde.

Se tromper est humain, persister dans son erreur est diabolique.
Irren ist menschlich, im Irrtum verharren ist teuflisch.

Tricherie revient à son maître.
Der Betrug kehrt zu seinem Herren zurück.

Il faut qu'un menteur ait bonne mémoire.
Ein Lügner muß ein gutes Gedächtnis haben.

Quand tout le monde a tort, tout le monde a raison.
Wenn jedermann unrecht hat, hat jedermann recht.

La vérité est au fond d'un puits.
Die Wahrheit liegt auf dem Grund des Brunnens.

Le vice se cache sous le manteau de la vertu.
Das Laster verbirgt sich unter dem Mantel der Tugend.

C'est la robe qu'on salue.
Der Robe gilt der Gruß.

DÉSILLUSION ET RÉSIGNATION
ENTTÄUSCHUNG UND RESIGNATION

Pour un plaisir, mille douleurs.
Für ein Vergnügen tausend Schmerzen.

Tel entre pape au conclave et en sort cardinal.
Mancher betritt das Konklave als Papst und kommt als Kardinal heraus.

Mieux vaut être seul que mal accompagné.
Lieber allein als in schlechter Begleitung.

Une hirondelle ne fait pas le printemps.
Eine Schwalbe macht keinen Frühling.

Confiance est mère de dépit.
Vertrauen ist die Mutter des Verdrusses.

Tous les jours de chasse ne sont pas des jours de prise.
Nicht alle Jagdtage sind Beutetage.

Nouvelle cheminée est bientôt enfumée.
Ein neuer Kamin ist bald verrußt.

De grosses nourrices, moins de lait.
Dicke Ammen geben weniger Milch.

Où la chèvre est attachée, il faut qu'elle broute.
Wo die Ziege angebunden ist, muß sie weiden.

Chacun sait où le soulier le blesse.
Jeder weiß, wo ihn der Schuh drückt.

Entre deux sièges, on tombe à terre.
Zwischen zwei Stühlen fällt man zu Boden.

Il ne faut pas chômer les fêtes avant qu'elles soient venues.
Man soll die Feste nicht feiern, bevor sie da sind.

Il n'est règle qui ne faille.
Es gibt keine Regel, die nicht irrt.

La cinquième roue de la charrette gêne plus qu'elle n'aide.
Das fünfte Rad am Wagen stört mehr, als daß es hilft.

C'est viande mal prête que lièvre en buisson.
Der Hase im Gebüsch ist noch kein Braten.

Qui ne peut moissonner, qu'il se contente de glaner.
Wer nicht ernten kann, muß sich mit Ährensammeln begnügen.

Autant meurt veau que vache.
Wie die Kuh, so stirbt auch das Kalb.

Nul n'est prophète en son pays.
Niemand ist Prophet in seinem Heimatland.

Bons nageurs sont à la fin noyés.
Auch gute Schwimmer ertrinken schließlich.

Va où tu veux, meurs où tu dois.
Geh, wohin du gehen willst, stirb, wo du sterben sollst.

Tel croit avoir un œuf au feu qui n'en a que l'écale.
Mancher glaubt, ein Ei auf dem Feuer zu haben, und hat nur die Schale.

Qui songe à oublier se souvient.
Wer zu vergessen trachtet, erinnert sich.

Pâques longtemps désirées sont en un jour tôt passées.
Das langersehnte Osterfest ist schnell an einem Tag vorbei.

Il ne faut pas jeter le manche après la cognée.
Man soll den Stiel nicht hinter der Axt herwerfen.

Le saint qui ne guérit de rien n'a pas de pèlerins.
Der Heilige, der von nichts erlöst, hat keine Pilger.

Cœur qui soupire n'a pas ce qu'il désire.
Ein seufzendes Herz hat nicht, wonach es sich sehnt.

Tout lasse, tout casse, tout passe.
Alles wird matt, alles zerbricht, alles vergeht.

Une fois en mauvais renom, jamais puits n'a été estimé bon.
Hat der Brunnen einmal einen schlechten Ruf, so hält ihn niemand mehr für gut.

On vend au marché plus de harengs que de soles.
Auf dem Markt werden mehr Heringe als Seezungen verkauft.

Il faut prendre le bénéfice avec les charges.
Man muß die Pfründe mit den Pflichten nehmen.

Un bon chien n'attrape jamais un bon os.
Ein guter Hund ergattert nie einen guten Knochen.

Brebis comptées, le loup les mange.
Auch die gezählten Schafe frißt der Wolf.

Le serpent est caché sous les fleurs.
Die Schlange versteckt sich zwischen den Blumen.

La nuit tous les chats sont gris.
Nachts sind alle Katzen grau.

Un bon cheval a quatre pieds et tombe.
Ein gutes Pferd hat vier Beine und stolpert doch.

Les honneurs ne sont qu'ombre et fumée.
Würden sind nur Dunst und Rauch.

Ferveur de novice ne dure pas longtemps.
Der erste Eifer hält nicht vor.

Le saint de la ville n'est pas prié.
Man betet nicht zum Heiligen seiner Stadt.

BONHEUR ET MALHEUR
GLÜCK UND UNGLÜCK

La fortune favorise les audacieux.
Das Glück ist dem Kühnen hold.

Il n'est si bon charretier qui ne verse.
Auch ein guter Fuhrmann kippt den Wagen einmal um.

Aux grands pêcheurs échappent les anguilles.
Auch tüchtigen Fischern entkommen die Aale.

Pendant que le jeu est beau, il fait bon le laisser.
Hör auf zu spielen, wenn das Spiel am schönsten ist.

Ce qui nuit à l'un sert à l'autre.
Was dem einen schadet, nutzt dem anderen.

À quelque chose malheur est bon.
Auch ein Unglück ist zu irgend etwas gut.

Qui se marie un jour de pluie a du bonheur toute la vie.
Wer sich an einem Regentag verheiratet, hat das ganze Leben lang Glück.

À bourse de joueur, il n'y a point de loquet.
Die Börse des Spielers hat keinen Riegel.

Le vin répandu ne sera pas recueilli.
Verschütteter Wein kann nicht zurückgeholt werden.

Mieux vaut être chien vivant que lion mort.
Lieber ein lebendiger Hund als ein toter Löwe.

Au royaume des aveugles, le borgne est roi.
Im Reich der Blinden ist der Einäugige König.

L'âne de la communauté est toujours le plus bâté.
Der Esel, der allen gehört, trägt den schwersten Packsattel.

Aux chevaux maigres vont les mouches.
Die Fliegen kommen zu den mageren Pferden.

Entre deux montagnes vallée.
Zwischen zwei Bergen liegt immer ein Tal.

Quand l'arbre est tombé, chacun court aux branches.
Wenn der Baum gefallen ist, läuft jeder hin, um Holz zu holen.

L'un bat les buissons et l'autre prend les oiseaux.
Der eine klopft auf den Busch, der andere fängt die Vögel.

Un malheur n'arrive jamais seul.
Ein Unglück kommt niemals allein.

La balle cherche le bon joueur.
Der Ball sucht den guten Spieler.

Il vaut mieux faire envie que pitié.
Lieber beneidet als bemitleidet werden.

Bien danse à qui la fortune chante.
Der kann gut tanzen, dem das Glück vorsingt.

La patrie est partout où l'on est bien.
Wo man sich wohl fühlt, da ist das Vaterland.

À qui il arrive un malheur, il en advient un autre.
Wem einmal ein Unglück zustößt, der hat auch ein zweites Mal Pech.

PAUVRETÉ ET RICHESSE
ARMUT UND REICHTUM

Le plus riche n'emporte que son linceul.
Auch der Reichste kann nur sein Leichentuch mitnehmen.

Donner l'aumône n'appauvrit personne.
Almosen geben macht niemanden arm.

Pire est la moquerie au pauvre que le mal qu'il a.
Spott ist für den Armen schlimmer als das Leid, das er trägt.

Le besoin fait la vieille trotter.
Not bringt die Greisin in Bewegung.

Contentement passe richesse.
Zufriedenheit ist mehr wert als Reichtum.

Qui n'a pas d'argent en bourse, qu'il ait du miel en bouche.
Wer kein Geld in der Börse hat, muß Honig im Mund haben.

Qui donne vite donne deux fois.
Wer schnell gibt, gibt zweimal.

Les petits ruisseaux font les grandes rivières.
Aus kleinen Bächen werden große Flüsse.

Il est aisé d'aller à pied quand on tient son cheval par la bride.
Es ist leicht, zu Fuß zu gehen, wenn man sein Pferd am Zügel hat.

Pauvreté n'est pas péché ; mieux vaut cependant la cacher.
Armut ist keine Sünde ; es ist aber besser, sie zu verbergen.

L'absent ne sera pas héritier.
Wer nicht da ist, wird nichts erben.

Petite cuisine agrandit la maison.
Eine einfache Küche macht das Haus groß.

Vilain enrichi ne connaît ni parent ni ami.
Ein reich gewordener Habenichts kennt weder Verwandte noch Freunde.

Qui est en bonne santé est riche sans le savoir.
Wer sich guter Gesundheit erfreut, ist reich, ohne es zu wissen.

On prête facilement du pain à celui qui a de la farine.
Wer Mehl hat, dem leiht man gern Brot.

Richesse donne hardiesse.
Reichtum macht dreist.

Il faut être riche pour vivre comme un pauvre.
Man muß reich sein, um wie ein Armer zu leben.

Le besoin rend l'homme hardi.
Not macht den Menschen mutig.

JEUNESSE ET VIEILLESSE
JUGEND UND ALTER

Il n'est si belle rose qui ne devienne gratte-cul.
Es gibt keine noch so schöne Rose, die nicht zur Hagebutte wird.

Il y a folie à tout âge.
Jedes Alter hat seine Torheiten.

Il n'est chasse que de vieux chiens.
Nur mit alten Hunden ist gut jagen.

À vieille mule, frein doré.
Dem alten Maultier goldene Zügel.

Le diable était beau quand il était jeune.
Der Teufel war schön, als er jung war.

Vieux roussin demande jeune pouliche.
Der alte Hengst will ein junges Füllen.

Jeunesse rêve, vieillesse décompte.
Jugend träumt, Alter rechnet.

Jeune saint, vieux démon.
Junger Heiliger, alter Teufel.

Mauvais est le fruit qui ne mûrit point.
Schlecht ist die Frucht, die nicht reif wird.

Ce n'est pas à un vieux singe que l'on apprend à faire des grimaces.
Einem alten Affen bringt man keine Kunststücke bei.

Pour être ridée, une pomme ne perd pas sa bonne odeur.
Auch wenn der Apfel schrumpelig wird, verliert er nicht seinen guten Duft.

On voit bien encore aux tessons ce que fut le pot.
An den Scherben sieht man noch, wie der Topf war.

Vieux chien est mal à mettre en lien.
Einen alten Hund kann man schwer an die Leine legen.

Vieille peau ne peut tenir couture.
Ein altes Fell kann nicht die Naht halten.

Les jeunes bœufs apprennent à labourer des vieux.
Die jungen Ochsen lernen das Pflügen von den alten.

Plus l'oiseau est vieux, moins il veut se défaire de ses plumes.
Je älter der Vogel ist, desto weniger will er sich von seinen Federn trennen.

Les années font plus de vieux que de sages.
Mit den Jahren wird man eher älter als weiser.

Ce que poulain prend en jeunesse, il continue en vieillesse.
Was das Fohlen sich in der Jugend angewöhnt hat, das tut es auch im Alter.

Le bon oiseau se fait de lui-même.
Der gute Vogel lernt allein singen.

Ce que jeunesse désire, vieillesse l'a en abondance.
Was man in der Jugend wünscht, hat man im Alter die Fülle.

Quand le diable est vieux, il se fait ermite.
Wenn der Teufel alt ist, wird er Einsiedler.

Dans le couvent du diable, on est profès sans noviciat.
Im Kloster des Teufels erhält man die Weihen ohne Probezeit.

Qui jeune est fou, vieil en a les frissons.
Wer in der Jugend ein Narr war, den schaudert es deswegen im Alter.

LOI ET JUSTICE
GESETZ UND RECHT

Coutume vainc droit.
Brauch geht vor Recht.

Tant va la cruche à l'eau qu'à la fin elle se casse.
Der Krug geht so lange zu Wasser, bis er schließlich bricht.

Erreur n'est pas crime.
Irren ist kein Verbrechen.

Bon droit a besoin d'aide.
Recht braucht Hilfe.

Nul n'est censé ignorer la loi.
Unkenntnis des Gesetzes wird niemandem zugute gehalten.

Force n'est pas droit.
Gewalt ist nicht Recht.

Celui qui se noie ne regarde pas l'eau qu'il boit.
Wer ertrinkt, schaut nicht auf das Wasser, das er trinkt.

Le battu paye l'amende.
Der Geschlagene zahlt die Strafe.

Les délits sont punis où ils sont commis.
Verbrechen werden bestraft, wo sie begangen werden.

Fais ce que dois, advienne que pourra.
Tu deine Pflicht, komme, was da mag.

Autant pèche celui qui tient le sac que celui qui l'emplit.
Wer den Sack hält, sündigt genau so viel wie der, der ihn füllt.

Volonté de roi n'a loi.
Des Königs Wille schert sich um kein Gesetz.

Un mauvais arrangement vaut mieux qu'un bon procès.
Ein schlechter Vergleich ist besser als ein guter Prozeß.

Le gibet n'est que pour les malheureux.
Der Galgen ist nur für die Pechvögel da.

Au sortir des plaids, l'on est sage.
Verläßt man das Gericht, ist man weise.

Qui de glaive vit, de glaive périt.
Wer vom Schwert lebt, kommt durch das Schwert um.

Il faut trois sacs à un plaideur: un sac de papiers, un sac d'argent, et un sac de patience.
Ein Kläger braucht drei Säcke: einen Sack Papier, einen Sack Geld und einen Sack Geduld.

On ne peut être à la fois juge et partie.
Man kann nicht zugleich Richter und Partei sein.

Tel demande dommage qui le doit payer.
Mancher, der Entschädigung verlangt, muß sie selbst zahlen.

Juge hâtif est périlleux.
Ein eiliger Richter ist gefährlich.

Qui s'excuse, s'accuse.
Wer sich entschuldigt, klagt sich an.

Si le droit est en suspens, c'est qu'il n'est pas mort.
Wenn das Recht ruht, so heißt das nicht, daß es tot ist.

À chacun son dû.
Jedem das Seine.

Il vaut mieux absoudre un coupable que condamner un innocent.
Es ist besser, einen Schuldigen freizusprechen, als einen Unschuldigen zu verurteilen.

Chose défendue, chose désirée.
Verbotenes wird begehrt.

Tel en pâtit qui n'en peut mais.
Mancher muß für etwas büßen, wofür er nichts kann.

Témoins passent lettres.
Zeugen sind besser als Urkunden.

Nécessité ne reconnaît pas de loi.
Not kennt kein Gebot.

Bon avocat, mauvais voisin.
Guter Advokat, schlechter Nachbar.

Où il n'y a pas de quoi, le roi perd son droit.
Wo nichts ist, verliert der König sein Recht.

Tel est pris qui croyait prendre.
Mancher, der andere zu fassen glaubt, wird selbst gefaßt.

Qui prouve trop, ne prouve rien.
Wer zuviel beweist, beweist gar nichts.

Dieu garde la lune des loups.
Gott schützt den Mond vor den Wölfen.

De diable vient, à diable ira.
Was vom Teufel kommt, wird zum Teufel gehen.

Les injures sont les raisons de ceux qui ont tort.
Beschimpfungen sind die Gründe jener, die unrecht haben.

De marchand à marchand il n'y a que la main.
Zwischen Kaufleuten gilt nur der Handschlag.

LE BIEN ET LE MAL
GUTES UND BÖSES

Tout passera, sauf le bien que tu as fait.
Alles wird vergehen außer dem Guten, das du getan hast.

Entre la chair et la chemise il faut cacher le bien qu'on fait.
Das Gute, das man tut, muß man zwischen Haut und Hemd verstecken.

L'hôte et la pluie, après trois jours ennuient.
Regen und Gast fallen nach drei Tagen zur Last.

Qui mal cherche, mal trouve.
Wer Böses sucht, findet Böses.

Courroux de frères, courroux de diables d'enfer.
Bruderzorn ist Teufelszorn.

Beauté passe, bonté reste.
Schönheit vergeht, Güte bleibt.

Qui veut vaincre luxure la doit fuir.
Wer die Wollust besiegen will, muß sie fliehen.

Pire est le rompu que le décousu.
Zerrissenes ist schlimmer als Aufgetrenntes.

À bon vin point d'enseigne.
Der gute Wein braucht kein Aushängeschild.

Les corbeaux entre eux ne se crèvent pas les yeux.
Ein Rabe hackt dem anderen kein Auge aus.

Le mieux est l'ennemi du bien.
Das Bessere ist der Feind des Guten.

Vieux péché fait nouvelle honte.
Aus einer alten Sünde wird eine neue Schande.

Vilain oiseau que celui qui salit son nid.
Wer sein Nest beschmutzt, ist ein schlechter Vogel.

Péché caché est à demi pardonné.
Die verborgene Sünde ist halb vergeben.

Le bon blé porte bien l'ivraie.
Das gute Korn verträgt das Unkraut.

On ne doit pas faire d'un péché deux pénitences.
Wegen einer Sünde darf man nicht zweimal büßen.

Mal vit qui ne s'amende.
Schlecht lebt, wer sich nicht bessert.

Mal d'autrui n'est que songe.
Fremdes Leid ist nur ein Traum.

Nourris un serpent dans ton sein, il te mordra.
Nähre eine Schlange an deiner Brust, und sie wird dich beißen.

Petite négligence accouche d'un grand mal.
Aus einer kleinen Nachlässigkeit entsteht ein großes Übel.

Le mal vient à qui le cherche.
Wer das Böse sucht, den trifft es.

Bien mal acquis ne profite jamais.
Unrecht Gut gedeihet nicht.

Ne fais pas à autrui ce que tu ne voudrais pas qu'on te fît.
Was du nicht willst, daß man dir tu', das füg auch keinem anderen zu.

Jamais cheval ni méchant homme n'amenda pour aller à Rome.
Weder Pferd noch Bösewicht sind jemals besser geworden, nur weil sie nach Rom gegangen sind.

La paix amasse, la guerre dissipe.
Friede macht reich, Krieg macht arm.

Il ne faut qu'un mauvais moine pour dérégler tout le couvent.
Es bedarf nur eines schlechten Mönches, damit das ganze Kloster auf Abwege gerät.

Le bossu ne voit pas sa bosse et voit celle de son confrère.
Der Bucklige sieht seinen Buckel nicht, aber den seines Gefährten.

Le mal porte le repentir en queue.
Böses zieht Reue nach sich.

Si l'on n'est pas brûlé par le feu, on est noirci par la fumée.
Wenn man nicht vom Feuer verbrannt wird, wird man vom Rauch schwarz.

Oignez vilain, il vous poindra ; poignez vilain, il vous oindra.
Sei mit dem Flegel sanft, so wird er grob ; sei grob, so wird er sanft.

Résistez au diable, et il s'enfuira.
Widersteht dem Teufel, und er wird fliehen.

Le mal vient à cheval et s'en retourne à pied.
Der Schmerz kommt zu Pferd, geht aber weg zu Fuß.

De ce que l'on ne peut amender, il ne faut pas trop s'inquiéter.
Was man nicht ändern kann, darüber soll man sich nicht zu viele Sorgen machen.

TRAVAIL ET PERSÉVÉRANCE
ARBEIT UND AUSDAUER

Qui ne pétrit, bon pain ne mange.
Wer den Teig nicht knetet, wird kein gutes Brot essen.

Petit à petit l'oiseau fait son nid.
Nach und nach baut der Vogel sein Nest.

L'arbre ne tombe pas du premier coup.
Der Baum fällt nicht beim ersten Hieb.

Il n'est si petit métier qui ne nourrisse son homme.
Das Handwerk mag noch so bescheiden sein, es ernährt seinen Mann.

Faute d'un moine, l'abbaye ne chôme pas.
Auch wenn ein Mönch fehlt, ruht die Arbeit im Kloster nicht.

Paris appartient à ceux qui se lèvent tôt.
Paris gehört denen, die früh aufstehen.

Maille à maille est fait le haubergeon.
Masche für Masche macht man das Panzerhemd.

Mauvais ouvrier ne trouve jamais bon outil.
Ein schlechter Arbeiter findet nie ein gutes Werkzeug.

Plus fait celui qui veut que celui qui peut.
Wer will, schafft mehr als der, der kann.

Il n'y a que le premier pas qui coûte.
Nur der erste Schritt kostet Mühe.

Au premier son on ne prend pas la caille.
Die Wachtel fängt man nicht beim ersten Ruf.

Il n'y en a point de plus empêché que celui qui tient la queue de la poêle.
Wer den Pfannenstiel hält, ist ganz und gar unentbehrlich.

On ne fait pas de processions pour tailler les vignes.
Man macht keine Prozessionen, um Weinstöcke zu beschneiden.

Quand chacun fait son métier, les vaches sont bien gardées.
Wenn jeder seine Pflicht tut, werden die Kühe gut gehütet.

À l'impossible nul n'est tenu.
Niemand ist gehalten, Unmögliches zu tun.

C'est en forgeant qu'on devient forgeron.
Durch Schmieden wird man Schmied.

Bon crocheteur toutes portes crochette.
Ein guter Einbrecher öffnet alle Türen.

Il n'y a rien de plus difficile à écorcher que la queue.
Es gibt nichts Schwierigeres zu häuten als den Schwanz.

Au fond du taillis sont les mûres.
Im dichten Gestrüpp wachsen die Brombeeren.

Un bon savonnage est la moitié de la barbe.
Gut eingeseift ist halb rasiert.

Chose acquise à suée est plus chérie qu'héritée.
Was man mit Schweiß erwirbt, ist einem lieber als das, was man erbt.

Il faut casser le noyau pour avoir l'amande.
Man muß die Nuß knacken, will man den Kern haben.

À renard endormi rien ne lui tombe en la gueule.
Dem schlafenden Fuchs fällt nichts ins Maul.

Qui se mêle du métier d'autrui, trait sa vache dans un panier.
Wer sich um anderer Leute Gewerbe kümmert, melkt seine Kuh über einem Korb.

Qui ne peut galoper, qu'il trotte.
Wer nicht galoppieren kann, soll traben.

Un métier bien appris vaut mieux qu'un gros héritage.
Ein gut erlernter Beruf ist mehr wert als ein großes Erbe.

Les cordonniers sont les plus mal chaussés.
Die Schuster tragen das schlechteste Schuhzeug.

Besogne qui plaît est à demi faite.
Arbeit, die Freude macht, ist schon zur Hälfte fertig.

Tant vaut l'homme, tant vaut sa terre.
Der Acker taugt so viel wie der Mann.

Une besace bien promenée nourrit son maître.
Ein fleißig herumgetragener Bettelsack ernährt seinen Herren.

Il n'y a pas de sots métiers, il n'y a que de sottes gens.
Es gibt kein dummes Handwerk, es gibt nur dumme Leute.

Qui n'avance pas recule.
Wer nicht vorankommt, fällt zurück.

La rouille use plus que le travail.
Rost zerfrißt mehr als Arbeit.

PARLER ET SE TAIRE
REDEN UND SCHWEIGEN

Il n'y a veneur qui ne prenne plaisir à corner sa prise.
Es gibt keinen Jäger, dem es nicht Spaß macht, bei seiner Beute ein Halali zu blasen.

Les premiers billets doux sont lancés par les yeux.
Die ersten Liebesbriefe werden mit den Augen verschickt.

On ne prend pas l'oiseau à la crécelle.
Man fängt den Vogel nicht mit der Klapper.

Qui crie se décrie.
Wer schreit, bringt sich in Verruf.

Qui ne prie ne prend.
Wer nicht bittet, bekommt nichts.

Bien faire et laisser dire.
Tue Gutes und laß die Leute reden.

Les murs ont des oreilles.
Wände haben Ohren.

Le papier souffre tout et ne rougit de rien.
Papier erduldet alles und errötet vor nichts.

La langue n'a pas d'os et peut briser les os.
Die Zunge hat keine Knochen, kann aber Knochen zerbrechen.

Celui qui médit auprès de toi médira de toi.
Wer in deiner Gegenwart über andere schlecht redet, wird auch über dich schlecht reden.

Quand on parle du loup, on en voit la queue.
Wenn man vom Wolf spricht, sieht man seinen Schwanz.

Qui ne dit mot consent.
Wer schweigt, stimmt zu.

Le beau parler n'écorche pas la langue.
Die schöne Rede schindet nicht die Zunge.

À qui est en bonne santé, il est aisé de conseiller les malades.
Wer bei guter Gesundheit ist, dem fällt es leicht, Kranken Ratschläge zu geben.

L'oreille est le chemin du cœur.
Das Ohr ist der Weg zum Herzen.

Rien n'est dit qui n'ait été dit.
Es wird nichts gesagt, was nicht schon gesagt worden ist.

Au four et au moulin, on sait les nouvelles.
In der Backstube und in der Mühle weiß man viel Neues.

Le lion qui tue ne rugit pas.
Der reißende Löwe brüllt nicht.

Ce n'est pas tout évangile, ce que l'on dit par la ville.
Nicht alles ist Evangelium, was man in der Stadt erzählt.

Tel menace qui a grand-peur.
Mancher droht und hat selbst große Angst.

On prend les bœufs par les cornes et les hommes par les paroles.
Man packt die Ochsen bei den Hörnern und die Männer bei ihren Worten.

Tard la main à la bouche quand la parole est issue.
Zu spät hält man die Hand vor den Mund, wenn das Wort heraus ist.

On ne répète pas deux fois la messe pour les sourds.
Man wiederholt die Messe nicht für die Harthörigen.

Secret de deux, secret de Dieu ; secret de trois, secret de tous.
Ein Geheimnis von zweien ist ein Geheimnis Gottes; ein Geheimnis von dreien ist ein Geheimnis von allen.

Les grands diseurs ne sont pas les grands faiseurs.
Die großen Erzähler sind nicht die großen Macher.

À sotte demande, il ne faut pas de réponse.
Auf eine törichte Frage braucht man nicht zu antworten.

C'est de l'abondance du cœur que la bouche parle.
Wes das Herz voll ist, des geht der Mund über.

Il faut tourner sa langue sept fois dans sa bouche avant de parler.
Man muß die Zunge siebenmal im Mund herumdrehen, bevor man spricht.

À parti pris, point de conseil.
Gegen Voreingenommenheit hilft kein Rat.

Les mauvaises nouvelles ont des ailes.
Schlechte Nachrichten haben Flügel.

Petit homme abat grand chêne, et douce parole grande ire.
Ein kleiner Mann fällt eine große Eiche, und ein sanftes Wort beschwichtigt einen großen Zorn.

On a beau parler à qui n'a cure de bien faire.
Wer nichts Gutes tun will, dem predigt man vergebens.

L'entente est au diseur.
Der Sprechende versteht am besten, was er meint.

Ce sont les tonneaux vides qui font le plus de bruit.
Die leeren Fässer machen den größten Lärm.

Jamais bon chien n'aboie à faux.
Ein kluger Hund bellt nie ohne Grund.

Autant de têtes, autant d'avis.
So viele Köpfe, so viele Meinungen.

Toujours crie la pire roue du char.
Das schlechteste Rad am Wagen quietscht immer.

Dire fait rire, faire fait taire.
Wenn man redet, lachen die Leute; wenn man handelt, schweigen sie.

Trop gratter cuit, trop parler nuit.
Zuviel Kratzen tut weh, zuviel Sprechen schadet.

L'usage est le tyran des langues.
Der Gebrauch ist der Tyrann der Sprache.

Qui langue a à Rome va.
Wer zu reden versteht, kann bis nach Rom kommen.

Brebis qui bêle perd sa goulée.
Das blökende Schaf verliert seinen Bissen.

Telle demande, telle réponse.
Wie die Frage, so die Antwort.

Ce n'est pas tout que de prêcher, il faut faire la quête.
Predigen genügt nicht, man muß auch Geld sammeln.

Chaque prêtre loue ses reliques.
Jeder Priester preist seine Reliquien.

Il faut laver son linge sale en famille.
Seine schmutzige Wäsche muß man zu Hause waschen.

Au paradis, pour la musique ; mais en enfer, pour l'agrément de la conversation.
Ins Paradies wegen der Musik; in die Hölle aber wegen der angenehmen Unterhaltung.

RECEVOIR ET PERDRE
ERHALTEN UND VERLIEREN

Qui une fois écorche deux fois ne tond.
Wer einmal das Fell abzieht, kann nicht zweimal scheren.

Les tours les plus hautes font les plus hautes chutes.
Die höchsten Türme fallen am tiefsten.

À la maison acheter, au marché vendre.
Zu Haus kaufen, auf dem Markt verkaufen.

Ne pleure pas ce que tu n'eus jamais.
Beweine nicht, was du nie gehabt hast.

De l'avare et du cochon, on n'a profit qu'après la mort.
Vom Geizhals und vom Schwein hat man erst nach ihrem Tode Nutzen.

À cheval donné on ne regarde pas à la bouche.
Dem geschenkten Gaul schaut man nicht ins Maul.

Qui a besoin de feu le prend avec la main.
Wer Feuer braucht, nimmt es mit der Hand.

À force de choisir, on prend le pire.
Wenn man zu wählerisch ist, bekommt man das Schlechteste.

Chacun se plaint que son grenier n'est pas plein.
Jeder beklagt sich, daß sein Speicher nicht voll ist.

Les petits cadeaux entretiennent l'amitié et les grands cadeaux entretiennent l'amour.
Kleine Geschenke erhalten die Freundschaft, große Geschenke erhalten die Liebe.

Qui partout sème en aucun lieu ne récolte.
Wer überall sät, wird nirgends ernten.

Qui trop embrasse mal étreint.
Wer sich zuviel vornimmt, wird wenig erreichen.

Morceau avalé n'a pas de goût.
Was man hinuntergeschluckt hat, schmeckt man nicht mehr.

Mort de loup, santé de brebis.
Tod des Wolfes, Gesundheit des Schafes.

Qui tard arrive à bien, aux ongles le tient.
Wer es spät zu etwas bringt, krallt sich noch mit den Fingernägeln daran fest.

On sait qui l'on quitte, on ne sait pas qui l'on prend.
Man weiß, wen man verläßt, aber man weiß nicht, wen man findet.

À laver la tête d'un âne, l'on y perd son savon.
Wenn man einem Esel den Kopf wäscht, vergeudet man die Seife.

Il faut perdre un vairon pour pêcher un saumon.
Man muß eine Elritze verlieren, um einen Lachs zu angeln.

Tel paye l'écot qui jamais n'en but.
Mancher bezahlt eine Zeche, der nie getrunken hat.

Homme seul est viande à loups.
Ein Mann allein ist Fleisch für Wölfe.

Une once de vanité gâte un quintal de mérite.
Eine Unze Eitelkeit verdirbt einen Zentner Tüchtigkeit.

On ne jette pas le coffre au feu parce que la clef en est perdue.
Man wirft die Truhe nicht ins Feuer, weil man den Schlüssel verloren hat.

Qui veut voyager loin ménage sa monture.
Wer weit reisen will, schone sein Reittier.

On ne saurait faire une omelette sans casser des œufs.
Man kann kein Omelett machen, ohne Eier zu zerschlagen.

Tel croit venger sa honte qui l'augmente.
Mancher vergrößert seine Schande, wenn er sie zu rächen glaubt.

Une vache ne sait ce que vaut sa queue, jusqu'à ce qu'elle l'ait perdue.
Eine Kuh weiß nicht, was ihr Schwanz wert ist, bis sie ihn verloren hat.

La façon de donner vaut mieux que ce qu'on donne.
Die Art, wie man gibt, ist wichtiger als das, was man gibt.

Les meilleurs fruits sont ceux que les oiseaux ont piqués.
Die besten Früchte sind diejenigen, die von den Vögeln angepickt worden sind.

Changer et trouver mieux sont deux.
Umtauschen und Besseres finden sind zweierlei.

Ville prise, château rendu.
Ist die Stadt erobert, wird auch das Schloß übergeben.

Quand le foin manque au râtelier, les chevaux se battent.
Wenn nicht genug Heu in der Raufe ist, schlagen sich die Pferde.

Qui quitte la partie la perd.
Wer das Spiel aufgibt, hat es verloren.

Ville qui parlemente est à demi rendue.
Eine Stadt, die verhandelt, hat sich schon halb ergeben.

Si on lui en donne long comme le doigt, il en prend long comme le bras.
Reicht man ihm eine Fingerlänge, so nimmt er gleich eine Armlänge.

Provision, profusion.
Wer viel hat, verbraucht auch viel.

Année de foin, année de rien.
Gutes Heujahr, schlechtes Erntejahr.

C'est n'être en aucun lieu, que d'être partout.
Überall sein heißt nirgends sein.

Qui sème dru, récolte menu ; qui sème menu, récolte dru.
Wer viel sät, wird wenig ernten; wer wenig sät, wird viel ernten.

Moineau à la main vaut mieux que grue qui vole.
Ein Spatz in der Hand ist besser als ein Kranich in der Luft.

Selon le saint l'encens.
Wie der Heilige, so der Weihrauch.

LE TEMPS
DIE ZEIT

Le beau jour se prouve au soir.
Der schöne Tag erweist sich am Abend.

Ce qui se fait de nuit paraît au grand jour.
Was nachts geschieht, zeigt sich am hellichten Tag.

Une fois est la première.
Einmal ist immer das erste Mal.

Au soir, loue l'ouvrier ; et au matin, l'hôtelier.
Am Abend lobe den Meister und am Morgen den Gastwirt.

Un pot fêlé dure longtemps.
Ein gesprungener Topf hält lange.

Tarde que tard, en avril auras Pâques.
Es mag noch so lange dauern, im April wird Ostern sein.

De nuit, tout blé semble farine.
Nachts scheint alles Korn Mehl zu sein.

Il n'est pas toujours saison de brebis tondre.
Es ist nicht immer Zeit zum Schafescheren.

Il est trop tard de fermer l'écurie quand le cheval s'est sauvé.
Es ist zu spät, den Stall zu schließen, wenn das Pferd fortgelaufen ist.

Le temps n'a pas de loisir.
Die Zeit kennt keine Muße.

On ne peut être en même temps au carillon et à la procession.
Man kann nicht zugleich beim Glockenläuten und bei der Prozession sein.

Il viendra un temps où le renard aura besoin de sa queue.
Es wird die Zeit kommen, wo der Fuchs seinen Schwanz braucht.

On ne perd pas de temps quand on aiguise ses outils.
Man verliert keine Zeit, wenn man sein Werkzeug schärft.

Le temps perdu ne se rattrape jamais.
Die verlorene Zeit fängt man nie wieder ein.

À tard crie l'oiseau quand il est pris.
Der Vogel schreit zu spät, wenn er gefangen ist.

Tel qui rit vendredi, dimanche pleurera.
Mancher, der Freitag lacht, wird Sonntag weinen.

Rira bien qui rira le dernier.
Wer zuletzt lacht, lacht gut.

Les jours se suivent et ne se ressemblent pas.
Die Tage folgen aufeinander, ohne sich zu gleichen.

Noël au balcon, Pâques aux tisons.
Weihnachten auf dem Balkon, Ostern am Kamin.

La nuit porte conseil.
Guter Rat kommt über Nacht.

Patience et longueur de temps font plus que force ni que rage.
Geduld und Zeit vermögen mehr als Gewalt und Wut.

Ne remets pas à demain ce que tu peux faire aujourd'hui.
Verschiebe nicht auf morgen, was du heute kannst besorgen.

Ce qui est différé n'est pas perdu.
Aufgeschoben ist nicht aufgehoben.

Chaque jour amène sa peine.
Jeder Tag bringt seine Plag'.

On ne peut pas courir deux lièvres à la fois.
Man kann nicht hinter zwei Hasen zugleich herlaufen.

Bourbes en mai, épis en août.
Schlamm im Mai, Ähren im August.

Qui dort en août, dort à son coût.
Wer im August schläft, schläft auf seine Kosten.

Mieux vaut tard que jamais.
Besser spät als niemals.

Ce qui ne fut jamais ni ne sera, c'est le nid d'une souris dans l'oreille d'un chat.
Was es noch nie gab und was es nie geben wird, das ist das Nest einer Maus im Ohr einer Katze.

Renard qui fait la grasse matinée n'a pas la gueule emplumée.
Wenn der Fuchs spät aufsteht, fängt er kein Federvieh.

Matines bien sonnées sont à demi dites.
Wird die Frühmette gut eingeläutet, so ist sie schon halb vorüber.

Avec le temps et la paille les nèfles mûrissent.
Mit der Zeit und dem Stroh werden auch die Mispeln reif.

À bon jour, bonne étrenne.
Zum guten Tag ein guter Anfang.

On ne peut à la fois courir et sonner du cor.
Man kann nicht zugleich laufen und ins Horn blasen.

LE CARACTÈRE
DER CHARAKTER

Sur les volcans, il ne pousse pas d'herbe.
Auf Vulkanen wächst kein Gras.

Chacun en sa beauté se mire.
Jeder bewundert sich in seiner Schönheit.

Un homme en vaut cent, et cent n'en valent pas un.
Ein Mann ist so viel wert wie hundert, und hundert sind nicht so viel wert wie einer.

Les envieux mourront, mais jamais l'envie.
Die Neider werden sterben, aber niemals der Neid.

Grande débonnaireté a maints hommes grevé.
Große Gutmütigkeit hat schon manchem geschadet.

On reconnaît le cerf aux abattures.
Den Hirsch erkennt man an der Fährte.

On ne jette des pierres qu'à l'arbre chargé de fruits.
Nur in den Baum, der Früchte trägt, wirft man Steine.

Les bons bras font les bonnes lames.
Starke Arme führen starke Klingen.

Noblesse oblige.
Adel verpflichtet.

Quand l'orgueil chemine devant, honte et dommage suivent de près.
Wenn der Hochmut voranschreitet, folgen Schande und Schaden dicht hinterdrein.

Au plaisanter on connaît l'homme.
An seinen Scherzen erkennt man den Menschen.

Le mauvais couteau coupe le doigt et non le bois.
Das schlechte Messer schneidet in den Finger und nicht ins Holz.

De tout bois on ne peut faire flèche.
Nicht aus jedem Holz kann man einen Pfeil machen.

Qui prie le vilain se fatigue en vain.
Wer den Flegel bittet, bemüht sich umsonst.

C'est au fruit que l'on connaît l'arbre.
An der Frucht erkennt man den Baum.

Quand le loup est pris, tous les chiens lui lardent les fesses.
Wenn der Wolf gefangen ist, beißen ihn alle Hunde von hinten.

Fort est qui abat, plus fort est qui se relève.
Stark ist, wer niederschlägt, stärker ist, wer sich wieder aufrichtet.

Toujours fume le mauvais tison.
Halbverbranntes Holz qualmt immer.

L'arbre tombe toujours du côté où il penche.
Der Baum fällt immer auf die Seite, zu der er sich neigt.

Dis-moi qui tu hantes, je te dirai qui tu es.
Sage mir, mit wem du umgehst, und ich sage dir, wer du bist.

Graissez les bottes d'un vilain, il dira qu'on les lui brûle.
Fette einem Flegel die Stiefel ein, und er wird sagen, daß man sie ihm verbrennt.

Jamais deux orgueilleux ne chevaucheront bien un âne.
Zwei Stolze werden niemals gut auf einem Esel reiten.

Chassez le naturel, il revient au galop.
Vertreib deine Eigenart, und sie kommt im Galopp zurück.

Qui vole un œuf vole un bœuf.
Wer ein Ei stiehlt, der stiehlt auch einen Ochsen.

Marchand d'oignons se connaît en ciboules.
Der Zwiebelhändler kennt sich mit Schalotten aus.

Il ne faut pas mesurer les autres à son aune.
Man soll die anderen nicht mit seiner Elle messen.

L'habitude est une seconde nature.
Die Gewohnheit ist eine zweite Natur.

Il semble à un larron que chacun lui est compagnon.
Dem Spitzbuben scheint es, als sei jedermann sein Gefährte.

Où la valeur, la courtoisie.
Wo Tapferkeit ist, da ist auch Ritterlichkeit.

D'une buse on ne saurait faire un épervier.
Aus einem Bussard kann man keinen Sperber machen.

Chien hargneux a toujours l'oreille déchirée.
Ein bissiger Hund hat immer ein zerrissenes Ohr.

Nul ne sait mieux que l'âne où le bât le blesse.
Niemand weiß besser als der Esel, wo ihn der Packsattel drückt.

Le lièvre revient toujours à son gîte.
Der Hase kehrt immer wieder zu seiner Grube zurück.

On voit une paille dans l'œil de son voisin et l'on ne voit pas la poutre qui est dans le sien.
Man sieht den Strohhalm im Auge des Nachbarn, aber man sieht nicht den Balken im eigenen Auge.

Chacun voit midi à son clocher.
Jeder sieht die Mittagsstunde an seinem Kirchturm.

Il ne faut pas donner la brebis à garder au loup.
Man soll den Wolf nicht zum Schäfer machen.

Le loup mourra dans sa peau.
Der Wolf wird in seiner Haut sterben.

Brebis crottée aux autres cherche à se frotter.
Das schmutzige Schaf versucht, sich an den anderen abzureiben.

L'ESPÉRANCE
DIE HOFFNUNG

Qui vivra verra.
Wer leben wird, wird sehen.

Goutte à goutte, l'eau use la pierre.
Tropfen auf Tropfen höhlt das Wasser den Stein aus.

Il y a remède à tout, hors à la mort.
Gegen alles gibt es ein Mittel außer gegen den Tod.

Tant que je respire, j'espère.
Solange ich atme, hoffe ich.

Toutes les fois qu'il tonne, la foudre ne tombe pas.
Nicht immer schlägt der Blitz ein, wenn es donnert.

Pluie du matin n'arrête pas le pèlerin.
Regen am Morgen hält den Wanderer nicht auf.

Bon endureur est toujours vainqueur.
Wer große Ausdauer hat, bleibt immer Sieger.

L'an qui vient est un brave homme.
Das kommende Jahr ist ein guter Kerl.

Il n'est si petite chapelle qui n'ait son saint.
Es gibt keine noch so kleine Kapelle, die nicht ihren Heiligen hat.

Péché avoué est à demi pardonné.
Die eingestandene Sünde ist halb vergeben.

L'espérance fait vivre.
Die Hoffnung erhält das Leben.

Le bois tortu fait le feu droit.
Krummes Holz gibt gerades Feuer.

Ciel rouge au soir, blanc au matin, c'est la journée du pèlerin.
Roter Himmel am Abend und heller Himmel am Morgen versprechen dem Wanderer einen schönen Tag.

L'espoir est souvent une chimère.
Die Hoffnung ist oft ein Trugbild.

La patience vient à bout de tout.
Geduld wird mit allem fertig.

Il n'est bois si vert qui ne s'allume.
Auch frisches Holz fängt Feuer.

Le fardeau que l'on aime n'est qu'à demi pesant.
Die Last, die man liebt, ist nur halb so schwer.

À bien faire il n'y a point de reproche.
Wer Gutes tut, braucht Vorwürfe nicht zu fürchten.

Deux avis valent mieux qu'un.
Zwei Meinungen sind besser als eine.

Rien n'est impossible à Dieu.
Für Gott ist nichts unmöglich.

À brebis tondue, Dieu mesure le vent.
Ein geschorenes Schaf setzt Gott nicht dem Wind aus.

Courte prière monte au ciel.
Ein kurzes Gebet steigt zum Himmel.

MANGER ET BOIRE
ESSEN UND TRINKEN

L'appétit vient en mangeant.
Der Appetit kommt beim Essen.

Qui a la panse pleine, il lui semble que les autres sont soûls.
Wer einen vollen Bauch hat, dem scheinen die anderen auch satt zu sein.

Plus on boit, plus on a soif.
Je mehr man trinkt, desto mehr Durst hat man.

On ne saurait faire boire un âne qui n'a pas soif.
Man kann einen Esel, der keinen Durst hat, nicht zum Trinken zwingen.

Qui s'attend à l'écuelle d'autrui dîne souvent tard.
Wer sich auf anderer Leute Schüssel verläßt, wird oft spät essen.

Où l'hôtesse est belle, le vin est bon.
Wo die Wirtin schön ist, da ist der Wein gut.

Qui bon vin boit Dieu voit.
Wer einen guten Wein trinkt, sieht Gott.

Qui est maître de sa soif est maître de sa santé.
Wer Herr über seinen Durst ist, ist auch Herr über seine Gesundheit.

À la trogne connaît-on l'ivrogne.
An seiner Rübe erkennt man den Trunkenbold.

Faire bonne chère est de grand coût et de petite mémoire.
Gut essen kostet viel und hält nicht lange vor.

Le miel est pour qu'on le lèche.
Der Honig ist dazu da, daß man ihn leckt.

Les poules pondent par le bec.
Die Hühner legen mit dem Schnabel.

La faim chasse le loup du bois.
Der Hunger treibt den Wolf aus dem Wald.

Qui a bu boira.
Wer getrunken hat, wird wieder trinken.

Qui a honte de manger a honte de vivre.
Wer sich zu essen schämt, schämt sich zu leben.

Qui a faim mange tout pain.
Wer Hunger hat, ißt jedes Brot.

Ce ne sont pas les chevaux qui tirent le plus fort qui mangent l'avoine.
Nicht die Pferde, die am kräftigsten ziehen, fressen den Hafer.

Ventre plein sonne bien, ventre creux sonne mieux.
Ein voller Bauch tönt gut, ein leerer Bauch tönt besser.

Le vin est le lait des vieillards.
Der Wein ist die Milch der Alten.

Habit de velours, ventre de son.
Gewand aus Samt, Bauch voll Kleie.

Ventre affamé n'a pas d'oreilles.
Ein hungriger Bauch hat keine Ohren.

En carême est de saison la marée et le sermon.
Zur Fastenzeit gibt's Seefisch und Predigt.

Le coût fait perdre le goût.
Die Kosten verderben einem den Geschmack.

Trop de cuisiniers gâtent la sauce.
Zu viele Köche verderben die Soße.

Il y a un Dieu pour les ivrognes.
Gott schützt die Trunkenbolde.

Les os sont pour les absents.
Wer nicht da ist, bekommt nur die Knochen.

Ce qui est amer à la bouche est doux au cœur.
Was im Mund bitter schmeckt, ist für das Herz gesund.

Vin sur lait bienfait, lait sur vin venin.
Wein auf Milch ist eine Wohltat, Milch auf Wein ist Gift.

La belle cage ne nourrit pas l'oiseau.
Der schöne Käfig ernährt den Vogel nicht.

CAUSE ET EFFET
URSACHE UND WIRKUNG

Qui sème le vent récolte la tempête.
Wer Wind sät, wird Sturm ernten.

Il est facile de nager quand on vous tient le menton.
Schwimmen ist leicht, wenn einem das Kinn gehalten wird.

Chat échaudé craint l'eau froide.
Die verbrühte Katze scheut das kalte Wasser.

Qui à hargne tend, hargne lui vient.
Wer auf Zank aus ist, zu dem kommt der Zank.

Qui a bruit de se lever matin peut dormir jusqu'au soir.
Wer im Ruf steht, früh aufzustehen, kann bis zum Abend schlafen.

Le surplus rompt le couvercle.
Das Übermaß sprengt den Deckel.

Qui tôt me donne, tôt me plaît.
Wer mir bald gibt, der gefällt mir bald.

Qui sème des épines n'aille déchaux.
Wer Dornen sät, soll nicht barfuß gehen.

Au bout du fossé, la culbute.
Am Ende des Grabens fällt man hinein.

Qui trop se hâte en beau chemin se fourvoie.
Wer sich zu sehr beeilt, verirrt sich unterwegs.

Petite pluie abat grand vent.
Ein kleiner Regen besiegt den großen Sturm.

Qui ne s'aventure n'a cheval ni mule.
Wer nichts wagt, bekommt weder Pferd noch Maultier.

La dernière goutte est celle qui fait déborder le vase.
Der letzte Tropfen bringt den Topf zum Überlaufen.

Plus on remue la boue, et plus elle pue.
Je mehr man im Schmutz herumwühlt, desto mehr stinkt er.

La belle plume fait le bel oiseau.
Die schöne Feder macht den schönen Vogel.

Qui casse les verres, les paie.
Wer die Gläser zerbricht, bezahlt sie.

Ce sont les petites pluies qui gâtent les grands chemins.
Der kleine Regen verdirbt die breiten Wege.

À se cogner la tête contre les murs, il ne vient que des bosses.
Will man mit dem Kopf durch die Wand, holt man sich nur Beulen.

Il ne faut qu'une brebis galeuse pour gâter tout un troupeau.
Es genügt ein räudiges Schaf, um die ganze Herde anzustecken.

Si les chats gardent les chèvres, qui attrapera les souris?
Wenn die Katzen die Ziegen hüten, wer wird dann die Mäuse fangen?

Qui cherche le péril y périt.
Wer die Gefahr sucht, kommt darin um.

Qui se couche avec les chiens, se lève avec les puces.
Wer mit Hunden zu Bett geht, steht mit Flöhen wieder auf.

À rude âne, rude ânier.
Dem störrischen Esel einen groben Eseltreiber.

Lame trop affilée s'ébrèche.
Die allzu scharfe Klinge wird schartig.

Qui touche de la poix souille ses doigts.
Wer Pech anfaßt, macht sich die Finger schmutzig.

Un homme prévenu en vaut deux.
Wer gewarnt ist, ist so stark wie zwei.

Trop de précaution nuit.
Zuviel Vorsicht schadet.

Qui n'entend qu'une cloche n'entend qu'un son.
Wer nur eine Glocke hört, hört nur einen Klang.

Telle vie, telle mort.
Wie gelebt, so gestorben.

L'ART DE VIVRE
DIE KUNST ZU LEBEN

Celui qui connaît l'art de vivre avec soi-même ignore l'ennui.
Wer es versteht, mit sich selbst zu leben, kennt keine Langeweile.

Plus fait douceur que violence.
Güte vermag mehr als Gewalt.

Qui veut un cheval sans défaut doit aller à pied.
Wer ein Pferd ohne Fehler will, muß zu Fuß gehen.

Prévenir vaut mieux que guérir.
Vorbeugen ist besser als Heilen.

Il faut tailler la robe selon le corps.
Man muß das Kleid nach dem Leib zuschneiden.

Charité bien ordonnée commence par soi-même.
Wohlbedachte Nächstenliebe beginnt bei einem selbst.

Tel croit savourer qui avale.
Mancher glaubt zu genießen und schlingt doch nur.

On recule pour mieux sauter.
Man weicht zurück, um besser zu springen.

Avec les loups on apprend à hurler.
Bei den Wölfen lernt man das Heulen.

Il sait trop de chasse qui a été veneur.
Wer Jäger gewesen ist, versteht zu viel vom Jagen.

Il ne faut pas mettre tout son rôti à une même broche.
Man soll seinen ganzen Braten nicht auf ein und denselben Spieß stecken.

À chose faite point de remède.
Was geschehen ist, läßt sich nicht ändern.

On prend plus de mouches avec du miel qu'avec du vinaigre.
Man fängt mehr Fliegen mit Honig als mit Essig.

Qui ne sait rien, de rien ne doute.
Wer nichts weiß, zweifelt an nichts.

Un chemin pour qui fuit, cent pour qui le poursuit.
Ein Weg für den, der flieht, hundert für den, der ihn verfolgt.

Il ne faut pas se moquer des chiens avant d'être sorti du village.
Man soll sich nicht über die Hunde lustig machen, bevor man das Dorf hinter sich hat.

Prudence est mère de sûreté.
Vorsicht ist die Mutter der Sicherheit.

Celui qui va en mer sans biscuits revient sans dents.
Wer ohne Zwieback zur See fährt, kommt ohne Zähne zurück.

Il faut lier le sac avant qu'il soit plein.
Man muß den Sack zubinden, bevor er voll ist.

Entre trop et trop peu est la juste mesure.
Zwischen zuviel und zuwenig liegt das richtige Maß.

Il ne faut pas mettre tous ses œufs dans le même panier.
Man soll nicht alle seine Eier in denselben Korb legen.

Il vaut mieux tendre la main que le cou.
Es ist besser, die Hand hinzuhalten als den Hals.

Il fait bon vivre et ne rien savoir.
Es läßt sich gut leben, wenn man nichts weiß.

On ne va pas aux mûres sans crochet.
Ohne Korb geht man nicht Brombeeren sammeln.

La politesse est une clef d'or qui ouvre toutes les portes.
Höflichkeit ist ein goldener Schlüssel, der alle Türen öffnet.

Qui trop regarde quel vent vente jamais ni sème ni ne plante.
Wer zuviel Ausschau hält, welcher Wind weht, wird weder säen noch pflanzen.

Ne réveillez pas le chien qui dort.
Weck nicht den schlafenden Hund.

Il ne faut pas changer un cheval borgne contre un aveugle.
Man soll ein einäugiges Pferd nicht gegen ein blindes eintauschen.

Mieux vaut ployer que rompre.
Es ist besser, sich zu beugen als zu zerbrechen.

Pierre qui roule n'amasse pas mousse.
Der rollende Stein setzt kein Moos an.

Il faut toujours garder une poire pour la soif.
Man muß immer eine Birne für den Durst zurückbehalten.

Il faut vouloir ce qu'on ne peut empêcher.
Man muß wollen, was man nicht verhindern kann.

Le trop et le trop peu gâtent le jeu.
Zuviel und zuwenig verderben das Spiel.

Ne mets pas ton doigt entre l'écorce et l'arbre.
Steck deinen Finger nicht zwischen Rinde und Stamm.

Il faut laisser vivre chacun à sa guise.
Man muß jeden nach seinem Geschmack leben lassen.

Il faut vivre à Rome comme à Rome.
In Rom muß man wie die Römer leben.

Un bon renard n'est pas pris deux fois au même piège.
Einen schlauen Fuchs fängt man nicht zweimal in derselben Falle.

On ne peut empêcher le vent de venter.
Man kann den Wind nicht am Wehen hindern.

Il ne faut pas dire: «Fontaine, je ne boirai pas de ton eau.»
Man soll nicht sagen: «Quelle, von deinem Wasser werde ich nicht trinken.»

Il ne faut pas prendre la médecine en plusieurs verres.
Man soll die Medizin nicht aus mehreren Gläsern trinken.

Expérience passe science.
Erfahrung geht über Wissen.

Qui veut la fin, veut les moyens.
Wer den Zweck will, will auch die Mittel.

Il ne faut pas avoir affaire au curé et aux paroissiens.
Man darf sich nicht mit dem Pfarrer und den Pfarrkindern gleichzeitig anlegen.

Après la panse vient la danse.
Erst der Schmaus, dann die Tanzerei.

Brûlez un cierge à Dieu et deux au diable.
Zündet eine Kerze für Gott und zwei für den Teufel an.

Une place pour chaque chose et chaque chose à sa place.
Ein Ort für jedes Ding und jedes Ding an seinem Ort.

Toujours va qui danse.
Auch beim Tanzen kommt man voran.

Si jeunesse savait, si vieillesse pouvait.
Wenn die Jugend wüßte, wenn das Alter könnte.

Einige französisch-deutsche Titel der Reihe dtv zweisprachig

Albert Camus: Les Muets. L'Hôte / Die Stummen. Der Gast. Erzählungen. – dtv 9105

Guy de Maupassant: Nouvelles Classiques / Meistererzählungen. – dtv 9246

George Sand: Correspondance / Briefe. – dtv 9234

Voltaire: 20 Articles du Dictionnaire Philosophique Portatif / 20 Artikel aus dem Philosophischen Taschenwörterbuch. – dtv 9213

Nouvelles Exemplaires / Französische Meister-Erzählungen. Balzac, Daudet, Flaubert, France, Maupassant, Stendhal, Zola. – dtv 9192

Parler d'Amour / Französische Liebesgeschichten. Balzac, Chateaubriand, Daudet, France, Mallarmé, Maupassant, Stendhal, Verlaine, Zola. – dtv 9209

L'Amour? Parlons-en ... / Moderne französische Liebesgeschichten. Aragon, Berry, Cocteau, Colette, Dorgelès, Giono, Giraudoux, Guitry, Mauriac, Maurois, Philipe, Prévert, Ramuz, Rochefort, Vian. – dtv 9218

L'Art de Vivre. Citations françaises / Die Kunst zu leben. Französische Zitate. – dtv 9226